NOTICE DESCRIPTIVE

D'UNE COLLECTION PRÉCIEUSE

DE

SOIXANTE-DIX-SEPT

PETITS TABLEAUX.

NOTICE DESCRIPTIVE

D'UNE COLLECTION PRÉCIEUSE

DE

SOIXANTE-DIX-SEPT

PETITS TABLEAUX

PEINTS PAR LES PLUS CÉLÈBRES ARTISTES,

LA PLUPART ITALIENS ET FRANÇAIS, PRESQUE TOUS VIVANS,

Dont la vente se fera par le ministère de M° Bonnefons
DE LAVIALLE,

Les lundi 18 et mardi 19 décembre 1837, à midi,

HOTEL DES VENTES, PLACE DE LA BOURSE, N° 2,
GRANDE SALLE N° 1.

———

Exposition publique le dimanche 17 décembre, de 11 à 4 heures.

———

LA PRÉSENTE NOTICE SE DISTRIBUE

CHEZ M° BONNEFONS DE LAVIALLE

Commissaire-Priseur, rue de Choiseul, n° 11.

1837.

La collection bien précieuse, fort curieuse, et même unique dans son genre qu'on offre au public, est le fruit de trente années de dépenses et en même temps de prières adressées aux plus célèbres artistes vivans par un amateur qui, ne pouvant pas aspirer à posséder une galerie de grands tableaux, a imaginé d'en former une de petits, et qu'il appèle *galerie portative*, dont on va donner la description générale et détaillée.

Cette galerie est enfermée dans une petite armoire ou secrétaire divisé en cinq compartimens.

Il n'est pas fermé à clef; c'est à l'aide d'un secret qu'on l'ouvre et le ferme : il porte 14 p, 6 l. de h., 10 p. de l.

Elle se compose de soixante-dix-sept petits tableaux, format de médaillons, tous de la dimension la plus précise sans la moindre différence.

Ces tableaux sont placés dans trois boîtes, dont chacune en contient vingt-quatre.

Le secrétaire, aussi bien que les boîtes, sont d'une élégance et d'une simplicité qui ne laissent rien à désirer ; les amateurs du beau en jugeront.

Les tableaux ont été peints la plus grande partie par des artistes italiens et français.

Les peintres qui ont concouru à la formation de cette *galerie portative*, sont les plus célèbres artistes vivans, excepté néanmoins quelques-uns décédés dans ces derniers trente ans.

Et comme c'était ledit amateur qui en avait conçu le plan, aussi indiquait-il lui-même aux peintres le sujet de la plupart de ces tableaux; et il ne fallait rien moins que la grande amitié qui le liait à ces grands artistes pour obtenir d'eux des productions aussi exquises et dans des dimensions aussi restreintes.

Outre les soixante-douze tableaux (on peut même dire soixante-treize, parce que le n° 6a en contient deux) enfermés dans lesdites trois boîtes, on en trouve cinq dans le premier compartiment du secrétaire.

Ces cinq tableaux qu'on peut nommer *supplémentaires* et dont on donnera la description après, étaient destinés par ledit amateur à remplacer ceux des boîtes qu'il aurait voulu ou qu'il était forcé de prêter à quelqu'un pour en faire la copie (comme réellement lui est arrivé plusieurs fois), et cela uniquement pour ne pas laisser les trois boîtes incomplètes.

Il y a aussi dans ce même premier compartiment du secrétaire deux loupes, l'une plus forte que l'autre, afin que, soit par besoin, soit par volonté des amateurs, on puisse s'en aider dans l'examen de ces objets qui, bien que peints pour la plupart à l'huile, offrent des détails si minutieux, qu'il n'est pas donné à tout le monde d'en apprécier le mérite à l'œil nu.

Au second compartiment du petit meuble est une espèce de nécessaire dont l'amateur pourrait, par quelque motif que ce soit, se servir, comme, par exemple, pour y placer du papier à dessin, des crayons, des plumes, etc., etc.

Dans le troisième compartiment est la première desdites trois boîtes qui porte le n° 1; la deuxième est dans le quatrième étage et porte le n° 2; la troisième enfin est dans le cinquième étage et est indiquée par le n° 3.

Tous ces détails concernant le secrétaire étaient nécessaires dans le cas où quelque amateur ferait l'acquisition de la totalité de la galerie ; et comme il était impossible de faire voir à tout le monde dans une exposition publique, un à un tous les petits objets qui la composent, c'est pour cela qu'on les a tous placés dans un grand cadre, afin de les exposer facilement et clairement, et même suivant l'ordre dans lequel ils sont enfermés dans chaque boîte.

Suit maintenant la description détaillée des vingt-quatre tableaux contenus dans la première boîte qui est appelée MIGLIARA, et qui porte le n° 1.

Tous ces tableaux ont été peints sans aucune exception par MIGLIARA, natif d'Alexandrie en Piémont. C'est un des plus célèbres peintres de perspective et d'intérieur que l'Italie s'enorgueillissait de posséder. Il vient de mourir au mois d'avril dernier, presque subitement à Milan où il demeurait, à l'âge prématuré de cinquante-un ans. C'est un de ces artistes qui sont bien difficilement remplacés. Et en vérité, ce ne fut qu'à force d'instances les plus assidues que ledit amateur ne cessait jamais de lui faire, qu'il parvint à obtenir de lui ces admirables productions de son génie en une aussi petite dimension.

Cependant, bien qu'il fût un de ses plus intimes amis, il ne lui en faisait tenir ordinairement qu'une seule et quelquefois tout au plus deux par an. Elles sont toutes à l'huile, deux seules exceptées, dont une à l'aquarelle et l'autre à la mine de plomb, comme on le verra plus loin. Quant à l'expression et à l'esprit de chaque figure, à la vérité du coloris de chaque objet et à la justesse de la perspective linéaire et aérienne, on n'en dira pas ici un

seul mot. On laisse aux amateurs, et surtout aux connaisseurs, le soin d'asseoir leur jugement sur le mérite de
ces productions.

On observera aussi rigoureusement la même réserve
pour tous les tableaux d'autres artistes qui sont renfermés dans les deux autres boîtes, en se bornant ici tout
simplement à la description de la composition du sujet de
chacun d'eux dont la beauté doit se révéler naturelle-
ment par soi-même aux yeux des connaisseurs, sans les
ennuyer par des éloges suspects et toujours inutiles.

1. Vue intérieure d'une chartreuse qui se trouve à trois
lieues de Padoue. C'est maintenant la propriété parti-
culière d'une famille de ladite ville. Le tableau a été
exécuté sur le lieu même.

2. Réfectoire des pères capucins pris au moment où ils
se disposent à se mettre à table. On voit un frère à genoux, ayant une écuelle suspendue derrière ses épau-
les, comme pour expier la faute de l'avoir cassée. Un
autre frère, placé dans une espèce de chaire, fait la
leçon spirituelle. Enfin les deux frères qui occupent
les premières places de la table, semblent s'entretenir
de ce qui se passe. A la pose de l'un d'eux, on dirait
qu'il est sourd ou qu'il n'entend pas bien ce que l'autre
lui dit.

3. Intérieur d'un ancien couvent de Franciscains à
Milan. Ce couvent a été supprimé. Un frère est occu-
pé à préparer le chocolat, tandis qu'un autre s'avance
vers la fenêtre.

4. Intérieur de la cathédrale de Milan. On y voit une

procession. Tout le monde sait, que cette église est une des quatre les plus vastes de l'Europe.

5. Le portail de la même cathédrale de Milan. On voit sur la place des troupes sous les armes commandées par Napoléon à cheval.

6. Le même portail vu pendant la nuit, du côté du portique dit des *Figini*, qui est illuminé. Il est à désirer que ces trois tableaux sous les n°s 4, 5 et 6, soient achetés par le même amateur.

7. Vue de la grande cour du palais des Beaux-Arts à Milan, connu sous le nom du palais de *Brera*.

8. Paysage. Composition idéale exécutée pour prouver que son pinceau excellait même dans le genre des paysages. Les connaisseurs en jugeront.

9. Perspective intérieure du portail de l'ancienne Basilique de Saint-Ambroise de Milan, vu du côté de la grande cour.

10. Ancien palais de Milan servant maintenant d'hôtel garni. On distingue d'une manière remarquable la plupart des chambres et beaucoup des localités qui s'y trouvent.

11. L'architecture est prise du palais dit *du Capitaine*, à Padoue. Le peintre y a ajouté Héloïse au tombeau d'Abeilard.

12. La façade de cette église est composée en partie de l'église des Chartreux de Pavie, et en partie d'une autre église de Milan. L'effet de la lumière intérieure de ce monument qui est au midi, est tel que si le spectateur était placé au dehors de l'église et ébloui par le soleil, il ne pourrait que peu à peu et par degrés parvenir à

8

découvrir les objets qui s'y trouvent, tels que la lampe allumée, la fenêtre ouverte, et le prédicateur qui est dans la chaire. Le peintre a obtenu cet effet naturel dans son tableau.

13. Vue d'un cloître de frères, pris d'après nature dans une campagne qui est à une petite distance de la ville de Bresse.

14. Prairie à l'instar de celle de Paul Potter, qui est au Musée de Paris. La perspective aérienne semble surpasser, proportion gardée, celle de Potter.

15. Intérieur d'une forêt. On y voit un frère qui s'achemine vers une église, devant laquelle est une femme à genoux dans l'attitude de prier.

16. Vue intérieure d'une église paroissiale aux environs de la ville de Bergame. Parmi les autres figures est un moine qui marche vers l'autel pour y célébrer la messe. Il est précédé du desservant.

17. Souterrain de composition idéale. Le peintre en a fait la prison de l'inquisition, où a été enfermé Galiléo Galilei, qui y est représenté au milieu.

18. Intérieur d'un ancien cloître de chartreux, pris d'après nature. Un frère, qui s'est endormi dans un coin, laisse tomber de ses mains son bréviaire. Un chien accourt pour le déchirer. Un autre frère qui revient de la cantine s'arrête sur l'escalier pour goûter le vin qu'il en apporte.

19. Chœur de capucins; composition à l'instar du célèbre tableau peint à Rome par M. GRANET, de Paris.

20. Vue du lac de Côme, prise de l'église de Saint-Michel.

21. Intérieur, d'après nature, d'un couvent de religieuses, supprimé depuis.

22. Vue de la Chartreuse de Pavie, et du cimetière qui
se trouve à côté, prise à une grande distance.

23. Lieu montagneux, pris d'après nature aux environs
d'Uri en Suisse.

24. Les ruines de plusieurs monumens anciens qu'on
rencontre aux environs de Rome. C'est le seul tableau
de Migliara peint *à l'aquarelle ;* mais la force du coloris
est telle qu'au premier abord on dirait qu'il est comme
tous les autres à l'huile.

Dans la boîte numéro II, qui porte le titre : *peintres divers,* sont renfermés les tableaux qui suivent. Chaque
description sera précédée du nom du peintre.

25. DANIS, *d'Udine.* Portrait de François Pétrarque,
d'après un ancien tableau qui fait partie de la galerie
Doria à Rome. Ce portrait ensuite a été gravé au burin
par M. Bernardi, pour être placé au frontispice d'un
ouvrage qui a pour titre : *Bibliothèque Pétrarquesque.*
Cette peinture est *à l'huile.*

26. GRANET, *de Paris.* Vue d'un vaste souterrain. Un
frère dans un coin fait ses prières à genoux. *A l'huile.*

27. TOMICELLI, *de Vérone.* La Madeleine repentante.
Tomicelli, par sa mort prématurée, n'a laissé de lui
que trois compositions d'un mérite vraiment supérieur

et celle-ci est du nombre, ainsi qu'on le lit dans sa vie imprimée à Venise. *Miniature.*

28. Roberti, *de Bassano.* Vue du pont et du château Saint-Ange à Rome. On découvre à une grande distance le portail de l'église de Saint-Pierre. *A l'huile.*

29. Agricola, *de Rome.* L'amour dépose ses arcs et ses flèches. Dans la lettre qui accompagnait l'envoi de cette composition, le peintre l'appelait l'Amour en repos. *A l'huile.*

30. Hayez, *de Venise.* Narcisse à la fontaine. Ce paysage est tout à fait dans le genre des paysages du Titien. Hayez a toujours tâché de suivre les traces de ce grand maître, tant dans le style que dans le coloris même des figures. *A l'huile.*

31. Dell' Acqua, *de Cremone.* Vue d'un lac paisible, éclairé par la faible lumière de la lune, qu'on entrevoit au milieu d'épais nuages. *A l'huile.*

32. Storelli, *de Turin.* Le phare de Palerme. Cette vue fut prise d'après nature par l'artiste, lors de son voyage en Sicile. La mer est calme. Le soleil est à son déclin. *A l'huile.*

33. Moia, *de Milan.* Vue intérieure de l'église des Chartreux à Morimonte, qui se trouve à une petite distance de Abbiategrasso. *A l'huile.*

34. Boulot, *de Paris.* Portrait du comte d'Auvergne. Le peintre y a signé son nom, et il y a aussi indiqué l'époque à laquelle il le fit, ce qui eut lieu en 1705. *Miniature.*

35. Bisi, *de Pavie.* Vue d'un site appelé *l'Orrido di Nesso,* aux environs de la ville de Côme. *A l'huile.*

36. **Darif**, *d'Udine*. Portrait de Léonard de Vinci, d'après celui original peint par Léonard lui-même, et qui est maintenant à la bibliothèque Ambroisienne de Milan. *A l'huile.*

37. **Darif**, *d'Udine* sus-mentionné. Portrait de la célèbre Laure d'Avignon. Une partie de ce portrait, surtout le costume de Laure, a été prise du tableau qui suit. *A l'huile.*

38. **Scotti**, *de Gênes*, premier peintre en miniature de l'Italie, mort en cette ville en 1830. Portrait de ladite Laure, copié fidèlement sur celui que Simon Memmi fit du vivant de Laure. Ce précieux original appartient à la famille Piccolomini Bellanti de Sienne. Il fut gravé l'an 1830 par Morghen de Florence pour l'édition publiée à Padoue des poésies de Pétrarque. *Miniature.*

39. **Kauffmann**, Angélique, *de Coire dans les Grisons*. Ce groupe représente Jupiter et Io, entourés des nuages. *Miniature;* et c'est la seule qu'on connaisse de cet artiste distingué, qui s'occupait exclusivement de la peinture à l'huile.

40. **Darif**, *d'Udine*. Pétrarque, inspiré, monte au ciel pour y voir Laure. Celle-ci l'aperçoit et lui prend la main. *A l'huile.*

41. **Cigola**, *de Bresse*. La Charité représentée par une femme environnée de trois petits enfans. Les traits et les poses de ces derniers ont été pris d'après plusieurs tableaux de Raphaël. *Miniature.*

42. **Darif**, *d'Udine*. La Madeleine dans le désert, livrée à ses méditations. A sa gauche est un vase et autres objets par terre, et du côté opposé est une croix élevée.

Cette composition est tout à fait idéale du peintre. *A l'huile.*

43. Fidanza, *de Rome.* Paysage. On voit à quelque distance des monumens anciens. *A l'huile.*

44. Charlet, *de Paris.* Une mère qui montre à ses petits enfans à faire les premiers pas. Scène familière que l'artiste eut l'occasion d'observer dans le jardin des Tuileries. Signé. *A l'aquarelle.*

45. Campedelli, *de Bologne.* Paysage entièrement de la composition de l'artiste. *A la détrempe.*

46. Burker, *de Bologne.* Paysage pris en grande partie dans les environs de Ravenne. *A la détrempe.*

47. Gozzi, *de Bergame.* Paysage, soleil couchant. L'artiste a voulu par l'emploi des couleurs les plus fines et les plus vives, montrer cet astre tel qu'il l'avait vu en Suisse. *A l'huile.*

48 et dernier de la deuxième boîte. Moïa, *de Milan.* Tombeau de Napoléon à Sainte-Hélène, d'après une esquisse originale faite sur les lieux, par un peintre anglais qui eut la complaisance de la prêter, afin que M. Moïa la copiât pour l'amateur susdit. *A l'huile.*

Dans la troisième boîte qui porte le n° III, se trouvent des tableaux et des objets d'art de différens genres et matières. Ils sont :

49. Rosaspina, *de Bologne.* La Sainte-Cécile de Raphaël, copiée à mi-corps et exécutée *à la plume.*

50. Parant, *de Paris*. Portrait de Dante Allighieri, vu de profil, tiré d'un très-ancien portrait qui se trouve à la Bibliothèque du Roi. *En porcelaine.*

51. Vernet, Charles, *de Paris*. Portrait de Joachim Murat à son retour de Russie. Il est à cheval, et couvert d'une pelisse fourrée. Le peintre y a tracé son nom. Ce tableau, qui semble à l'huile, est entièrement *à la détrempe.*

52. Kleinstein, le célèbre orfèvre *de Strasbourg*. Paysage où l'on voit à gauche deux cerfs, et à droite un chasseur caché derrière un arbre, qui décharge sur eux son fusil. Contre son habitude, l'artiste a signé ce tableau, qui est *en argent.*

53. Moretti, *d'Ancône*. Le Panthéon de Rome vu dans son état primitif, c'est-à-dire sans les deux clochers qui ont été ajoutés depuis pour le rendre propre à l'exercice du culte catholique, comme il est actuellement. *Mosaïque.*

54. Rizzoli, *de Padoue*. Portrait de Louis Arioste, vu de profil, et couronné de lauriers. Il a été fait d'après une médaille ancienne frappée à Ferrare du vivant de ce poète. *Ivoire.*

55. Gandolfi, *de Bologne*. Ici cet artiste a voulu représenter une femme insensible aux sollicitations des vieillards ainsi que des jeunes gens. Elle est vue de profil.

A sa droite est un jeune homme dans l'attitude du désespoir, et à sa gauche un vieillard qui réfléchit à sa position. Ce tableau est fait *à la plume, à l'aquarelle, et coloré au pinceau.*

56. Vandael, *Flamand*, qui passa sa vie à Paris, et y mourut. Groupe de différentes fleurs placées dans un

vaso posé sur une table. *Détrempe*, signée par l'auteur.

57. PENTZ, Georges, qui est un de ceux qu'on nomme les petits maîtres graveurs allemands, et qui ayant étudié les ouvrages du célèbre Raimondi, est un des plus appréciés et estimés parmi tous ses confrères. C'est une planche qui a été exécutée exprès pour une tabatière, et, à cause de sa convexité, n'a jamais pu être imprimée. Elle représente Jésus-Christ tenté par le Diable, qui est sur la cime d'une montagne. On y remarque les armoiries de celui pour lequel a été faite la planche, qui est signée par le chiffre ordinaire du graveur G. P., qu'on voit clairement à gauche du spectateur. *En argent.*

58. TOSCHI, *de Parme.* L'enfant Jésus peint par le Corrège dans son fameux tableau de la Madone, dite *de l'Ecuelle,* qui est dans la galerie Ducale de Parme. Ce tableau est signé par son auteur. C'est un mélange *de gouache, de plume et de couleur.*

59. BOISSIEU, *de Lyon.* La Vierge tenant l'enfant Jésus sur ses genoux. Ce tableau a été signé par le peintre, et porte la date de 1791, époque à laquelle il le fit pour un amateur. On ne connaît d'autre travail de peinture ou de dessin de *Boissieu* dans un format aussi petit. Il est entièrement *au crayon.*

60. BELLANGÉ, *de Paris.* Le peintre a voulu représenter Napoléon à cheval, tel qu'il a été vu pendant les cent jours se promenant presque seul aux Champs-Elysées de grand matin. Deux officiers le suivent à une grande distance. *Gouache mêlée de traits à la plume.*

61. ROSASPINA, *de Bologne.* Copie de la célèbre peinture

do l'Albano, représentant des petits amours qui folâtrent entre eux avec des arcs, des flèches et des carquois qu'ils tiennent entre leurs mains. Ce tableau est signé du nom du dessinateur, et porte l'époque de 1824, à laquelle il a été exécuté. *Crayon mélangé de gouache.*

62. ISABEY, *de Paris.* Portrait de Louis XVIII. Signé. LEYDET, *de Paris.* Portrait de Louis-Philippe Ier, Roi des Français. Signé. Ces deux tableaux sont dans le même cadre, de la même dimension, et ovales tous deux. *Miniatures.*

63. SWEBACK *père, d'Anvers.* Un site désert dans lequel on voit deux soldats au repos, l'un à cheval et l'autre assis à terre. *A l'huile.*

64. ROMANINI, *de Montagnana ;* États de Venise. Copie du fameux tableau de Raphaël, qui se trouve à Foligno, généralement connu sous le nom de *la Vierge de Foligno.* Le champ en or, endommagé dans l'original, a été reproduit ici en similor. *Miniature.*

65. MARC-ANTOINE RAIMONDI, *de Bologne.* La descente de Jésus-Christ au tombeau. Cette gravure est très-fraîche et très-bien conservée. Elle a même une petite marge. On a écrit derrière ce que M. Bartsch en a dit dans son ouvrage sur les peintres-graveurs. *Burin pur.*

66. GANDOLFI, *de Bologne.* La résignation ; c'est ainsi que ce dessin a été désigné par son auteur. Il représente une fille fraîche et belle, occupée à sa toilette ; à sa gauche est un vieillard qui sort dans l'attitude de la résignation. *Mélange d'aquarelle, de plume et de coloris.*

67. **Laurenty**, *de Bruxelles.* Paysage placé dans le site
le plus agréable et le plus gai qu'on puisse désirer. On
lit derrière ce tableau l'histoire de ce travail, qui
est assez intéressante à cause de la circonstance dans laquelle il a été fait. C'est le seul que *Laurenty* ait fait
dans cette petite dimension. *Gouache sur papier colorié.*

68. **Deveria**, *de Paris.* Aquarelle représentant une
mère qui tient son enfant sur ses genoux, lequel re-
garde avec surprise un masque qu'une jeune fille, ca-
chée derrière lui, lui présente. *Aquarelle coloriée.*

69. **Roberti**, *de Bassano.* Restes de monumens romains
qu'on voit en partie dans la ville et en partie dans les
environs de Vérone. *Gouache mêlée de quelques traits
à la plume.*

70. **Vernet**, Charles, *de Paris.* Cheval monté par un
arabe en train de courir. L'anecdote historique de ce
petit dessin est vraiment curieuse, et se lit avec plaisir
derrière le tableau. *Plume et aquarelle sur papier colorié.*

71. **Roust**, *de Baden en Allemagne.* Cet artiste a vécu à
Paris, où il est mort très-jeune, en 1832.

Il n'a peint ici qu'un papillon, genre de peinture
dont il s'occupait exclusivement, mais ici l'illusion du
travail est telle que le spectateur croit au premier
abord que cet insecte n'est pas peint, mais naturel et
fixé sur la glace. *Détrempe.*

72e et dernier. **Migliara**, sus mentionné dans la description de la première boîte. Départ d'une famille pour la
campagne. On y voit le portrait du peintre, descendant

do cheval pour en arrêter un autre sur lequel est une dame. *Au crayon,* ainsi que l'amateur lui en avait fait la demande.

Fin de la description des soixante-douze tableaux contenus dans les trois boîtes.

———————

Maintenant voici la description de cinq tableaux qui sont renfermés dans le premier compartiment du secrétaire, comme il en a été fait mention au commencement de cette notice, où ils ont été nommés *supplémentaires.*

73. Fantuzzi, *de Bologne.* On représente ici la vue du pont *Salario,* aux environs de Rome. *A l'huile.*

74. Bissoni, *Vénitien.* Vue de la place de Saint-Marc de Venise durant les fêtes du carnaval, où l'on voit les masques en costume de ce pays. *A la détrempe.*

75. Gandolfi, *de Bologne.* Ce dessin représente Diogène, sa lanterne à la main. *A la plume et à l'aquarelle.*

Ce célèbre dessinateur bolonais, mort en 1832, l'envoya à l'amateur son bon ami, en 1819, en écrivant derrière le tableau :

*A Monsieur ***, qui va à la recherche des grands peintres, pour en avoir de petites peintures.*

76. Moia, *de Milan.* Intérieur d'un couvent de religieuses, dont une est occupée à parer de fleurs un autel

consacré à la Vierge. La composition de l'intérieur est idéale. *A l'aquarelle, mêlé de plume.*

77. NICOLLE, François. Vue de la douane qui porte le nom de *Ripagrande*, située sur les rivages du Tibre à Rome. *A la plume, et colorié à l'aquarelle.*

AVERTISSEMENT.

Avant de commencer la vente en détail, on proposera à un prix fixe la vente en totalité de tous les petits tableaux ci-dessus décrits, et qui sont renfermés dans le secrétaire.

Le cadre et la glace sous lesquels seront renfermés tous les tableaux le jour de l'exposition publique seront compris, ainsi que le secrétaire, dans le prix de la vente en totalité.

S'il n'y a pas d'acheteur de la totalité, on proposera d'abord la vente de tous les tableaux renfermés dans la première boîte n° I, appelée MIGLIARA, c'est-à-dire du premier des tableaux jusqu'au 24ᵉ inclusivement.

Et s'il n'y a pas d'acheteur en totalité de cette boîte n° I, on fera de même pour la boîte n° II, appelée *Peintres divers*, du n° 25 au n° 48 inclusivement.

Et aussi enfin pour la boîte n° III, y compris les cinq *supplémentaires* renfermés dans le premier compartiment du secrétaire, c'est-à-dire du n° 49 au n° 77.

Après cela, on procédera à la vente en détail. Et dans ce cas, on annonce qu'on a fait faire 77 petites boîtes pour y renfermer chaque tableau séparément, et en faciliter ainsi le transport aux amateurs.

MOREAU ET BRUNEAU, IMPRIMEURS, RUE MONTMARTRE, 39